DIMITER INKIOW

Die Katze fährt in Urlaub

Fünf lustige Katz-und-Maus-Geschichten für alle, die Mäuse liebhaben

ILLUSTRIERT VON
TRAUDL UND WALTER REINER

 # Inhalt

Die Katze fährt in Urlaub

Die Katze wollte in Urlaub fahren.
Deshalb beschloß sie, keine Zeit zu
verlieren und vorher die Maus zu
fangen. Die Katze stellte vor jedem
Mauseloch eine Mausefalle auf. Und
sie versteckte sich höchstpersönlich vor
dem Hauptloch.
„Ich muß die freche Maus fangen",
dachte sie. „Ich kann sie nicht allein
zu Hause lassen, das ist ja klar. Schon
wenn ich zu Hause bin, ist vor ihr
nichts sicher. Miauuuu. Ich kann mir
gut vorstellen, was erst passiert, wenn
ich weg bin. Sie würde die größten
Feste feiern. Wie sagt doch das
Sprichwort? ‚Wenn die Katze nicht zu

Hause ist, dann tanzen die Mäuse.'
Diese freche Maus würde sicher viele
Mäuse von überall einladen, um hier
zu tanzen. In meiner Wohnung. Ich
platze vor Wut, wenn ich nur daran
denke. Nein, nein, ich lasse sie
niemals hier allein. Ich muß die
Maus fangen. Wo steckt sie denn
nur?"

8

Die Katze beschnüffelte alle Löcher.
Wo ist die Maus?
Ist die Maus hier?
Oder vielleicht dort?
Oder ist sie vielleicht da?
Die kleine, freche Maus war
nirgendwo zu finden.
„Ich werde dich trotzdem fangen!"
fauchte die Katze. „Du kannst dich
noch so gut verstecken. Nichts kann
dich retten. Verstehst du denn nicht?
Ich muß in Urlaub fahren. Ich werde
wandern. Und vorher - vorher muß
ich dich natürlich fangen. Ich lasse
dich niemals allein in meiner
Wohnung. Das ist doch klar."
Aber wo, wo war sie nur,
die freche Maus?

Die Katze beschnüffelte wieder alle
Löcher.
Ist die Maus vielleicht hier?
Oder dort?
Oder da?
Nichts.
Nichts.
Und wieder nichts.
So ging das drei Tage lang. Die Katze
suchte weiter. Hier. . ., dort . . ., da . . .
Und plötzlich, am vierten Tag, fand
sie auf dem Küchentisch einen Zettel.
Darauf stand geschrieben:

... du nur
... n fahren in Urlaub?
... fahre auch. Für
... ze vier Wochen. Du
... annst hierbleiben und
mich weitersuchen.
Hochachtungsvoll,
Deine Hausmaus

Die Maus hatte den Zettel mit ihrem
Schwanz geschrieben. Eine offene
Flasche Tinte stand daneben.
Die Katze erblaßte vor Ärger.
Weil es ihre Tintenflasche war!
Andererseits war sie aber sehr
erleichtert.
„Ach, darum konnte ich sie nicht
finden", dachte sie. „Jetzt kann ich
aber beruhigt wegfahren. Weil sie
auch nicht da ist."
Die Katze packte ihren Rucksack und
fuhr weg.

Sie hatte gerade die Tür zugemacht, da sprang die Maus fröhlich aus einem Loch.

Sie begann sofort zu singen:

„Hurra! Hurra!
Die Katze ist nicht da!
Hurra, Hurra!
Sie ist ja endlich weg!
Ich hab' sie reingelegt.
Im Keller hat sie Wein.
Ich lade Gäste ein,
aus ganz Bayern -
wir werden Feste feiern!
Ehrenwort!
Die Katze ist fort!"

Und sie begann fröhlich zu tanzen.

Der geklaute Frühstücksspeck

Die Katze hatte sich ein Stück Südtiroler Speck gekauft. Ein wunderschönes Stück. Ihr ist das Wasser im
Munde zusammengelaufen, als sie es
kaufte.
Sie fraß den Speck aber nicht sofort
auf.
Sie trug ihn brav nach Hause und
dachte: „So ein wunderschönes Stück
Speck darf man nicht an einem
gewöhnlichen Tag fressen. Den fresse
ich zum Frühstück am Sonntag."
Sie legte ihn in ihren Kühlschrank.
Machte die Tür schön zu. Und freute
sich die ganze Woche lang, wenn sie
den Kühlschrank öffnete und den

herrlichen Speck erblickte.

Die Maus Micki, die heimlich in dem Haus wohnte, bekam natürlich sofort mit, was im Kühlschrank lag.

Sie hatte eine gute Nase.

„Piiieeeeps", piepste sie, „hier riecht's nach Speck! Pieps! Hier riecht's nach Speck!"

Aber die Maus Micki konnte die Kühlschranktür nicht öffnen.

Obwohl sie es heimlich jede Nacht
immer wieder versuchte.
Und versuchte.
Und versuchte.
Es war nichts zu machen. Die
Kühlschranktür war groß. Und die
Maus - klein.
So blieb der Kühlschrank fest
geschlossen.
„Ich muß mir etwas einfallen lassen!"
dachte die Maus.
Aber was? Was?
Am Sonntag morgen deckte die Katze
Elvira feierlich ihren Frühstückstisch.
Sie kochte sich Kaffee. Zündete eine
Kerze an. Den Speck legte sie auf
einen Teller in die Mitte.
Aber gerade als sie mit dem

Frühstück beginnen wollte, klingelte
im Wohnzimmer das Telefon.
Miauu - wer konnte das sein?
„Nein, ich gehe nicht ans Telefon.
Miauu - ich frühstücke erst!"
Drrrrr. . .
Drrrrr. . .
Drrrrr. . .
Es klingelte ohne Ende.
Vielleicht war es doch etwas sehr
Wichtiges?
Sollte sie doch ran gehen?
Die Katze lief zum Telefon und hob
den Hörer ab. Sie hörte eine Mäuse-
stimme: „Pieps-pieps, hallooooo, ist
dort die Maus Micki?"
„Miau, nein. Hier ist die Katze Elvira."
„Oh, entschuldigen Sie bitte. Ich

suche die Maus Micki."

„Hier, miau, gibt's keine Maus Micki.
Hier ist die Katze Elvira. Sie haben
sich sicher verwählt."

„Ich habe mich nicht verwählt. Ich
suche die Maus Micki, die heimlich
bei Ihnen wohnt."

„Miau??? Wer wohnt heimlich bei
mir???"

„Die Maus Micki. Pieps. . . Sie haben
Sie heute morgen nicht versehentlich
gefangen und verspeist?"

„Nein. Leider nicht."

„Piepss. Gott sei Dank . . . Jetzt bin ich beruhigt. Wissen Sie, wir telefonieren jeden Morgen, Micki und ich. Sie ruft mich frühmorgens, wenn Sie schlafen, immer an. Aber heute hat sie mich nicht angerufen. Darum machte ich mir große Sorgen um sie . . . "

Die Katze war empört: „Was haben Sie gesagt? Sie wohnt heimlich bei mir und telefoniert auch noch jeden Morgen mit Ihnen, wenn ich schlafe? Von meinem Telefon?"

„Piepss. Jaaaa!"

„Jetzt ist mir klar, warum ich in der letzten Zeit so riesige Telefon-rechnungen habe. Unverschämtheit!"
Die Katze miaute ärgerlich.
„Entschuldigen Sie. Haben Sie sich geärgert?"
„Natürlich habe ich mich geärgert!"
„Das tut mir aber schrecklich leid. Ich sollte das alles sicher nicht verraten."
„Doch! Doch! Ich werde diese freche Maus eines Tages fangen. Und dann . . ., miau . . ., wird sie alle ihre Übeltaten bereuen."
„Meinen Sie? Sie werden Sie fangen?"
„Da bin ich mir sicher. Ich werde sie bald fangen."
„Das glaube ich nicht. Micki ist sehr klug. Und Sie sind . . ., soll ich Ihnen

die Wahrheit sagen?"

„Aber bitte! Ich liebe die Wahrheit!"

„Sie sind viel zu dumm!"

„Miauuu! Ich? Dumm??!"

„Sehen Sie, jetzt sind Sie beleidigt."

„Natürlich bin ich beleidigt. Miau!"

„Darum sagt man, daß die Wahrheit
schmerzt!"

„Unverschämte Maus! Ich bin die
klügste Katze weit und breit."

„Wirklich?"

„Das weiß doch jeder."

„Oh. Entschuldigen Sie. Ich hab's nicht
gewußt. Möchten Sie jetzt mit der
Maus Micki sprechen?"

„Sie haben doch aber vorhin gesagt,
Sie suchten die Maus Micki?"

„Vorhin, aber jetzt nicht mehr. Die

Maus Micki ist gerade herein-
gekommen. Und . . . sie schleppt ein
wunderschönes Stück Südtiroler
Speck . . ."
„Miau! Wie bitte???"
„Hallo, Katze, hier ist die Maus
Micki. Dein Speck schmeckt wirklich
wunderbar. . ."
„Oh! Miauuu!" Die Katze stürzte in die
Küche.
Dort blieb sie wie vom Blitz getroffen
stehen: Ihr Teller war leer.

Die verkaufte Maus

Die Katze Elvira hat die Maus Micki endlich gefangen. „Laß mich los, laß mich los! Pieps, laß mich los!" piepste die Maus.

„Du bist ja wohl nicht bei Trost. Ich habe dich gerade gefangen. Warum sollte ich dich loslassen?"

„Bitte, bitte, laß mich los!"

„Wenn ich dich losließe, müßte ich die blödeste Katze der Welt sein…"

„Pieps - ganz im Gegenteil!"

„Miau - wieso?"

„Weil ich in diesem Haus die einzige Maus bin…"

„Wirklich?"

„Und wenn du mich jetzt frißt, wirst

du später vor lauter Langeweile sterben. Gib doch zu - du bist seit Monaten nur damit beschäftigt, mich zu jagen. Das war spannend, was?"

„Genau, miau. Seit zwei Monaten, drei Wochen und fünf Tagen."

„Aber warum tust du das? Was habe ich dir getan?"

„Nichts. Aber mein Frauchen versprach mir - genau vor zwei Monaten, drei Wochen und fünf Tagen -, mir für jede gefangene Maus eine ganze Mark zu schenken."

„Und deshalb bist du wie wild hinter mir her?"

„Miau - eine Mark ist für eine Katze sehr viel Geld . . ."

„Und du denkst nicht weiter?" fragte

die Maus listig.

„Was sollte ich weiterdenken? Ich kriege eine Mark - das finde ich toll! Ich werde dich zu meinem Frauchen bringen. Dann bekomme ich die Mark."

„Und dann?"

„Das ist doch klar. . ."

„Pieps - was ist dann klar?"

„Dann werde ich dich zu meinem

Freßnapf schleppen, dort hinlegen
und feierlich - entschuldige -
verspeisen."
„Pieps, ich bin aber die einzige Maus
weit und breit!"
„Na und?"
„Denk an die Langeweile."
„Ich habe einen Ball und mehrere
Wollknäuel. Damit werde ich spielen."
„Das ist nicht das gleiche."

„Miau - aber ich werde eine Mark haben. Eine Mark ist viel Geld für eine Katze."

„Warum verkaufst du mich nicht teurer, wenn du so sehr hinter Geld her bist?"

Die Katze strahlte. „Meinst du, mein Frauchen würde mir mehr Geld für dich geben?" fragte sie.

„Sicher. Wenn du es richtig anstellst."

„Miau, ich weiß genau, wie ich es machen werde. Danke für den Rat. Ich werde deinen Schwanz abbeißen und ihn meinem Frauchen zeigen. Dann sage ich: ‚Erst, wenn du mir zwei Mark gibst, zeige ich dir die ganze Maus.' Tolle Idee, oder?"

Die Maus war entsetzt.

„Bist du denn nicht bei Trost? Du darfst meinen Schwanz niemals abbeißen. Warum willst du mich überhaupt fressen? Schmeckt dir dein Katzenfutter nicht mehr?"

„Doch, doch . . ., aber wenn ich die Belohnung bekomme, was soll ich dann mit dir?"

„Ganz einfach. Mich heimlich freilassen, nachdem du mich deinem Frauchen gezeigt hast. Wie ich schon sagte, bin ich die einzige Maus weit und breit. Nach einer Woche lasse ich mich wieder von dir fangen. Dann ist eine neue Belohnung fällig. Dann kriegst du wieder eine Mark. Du läßt mich wieder heimlich frei. Ich lasse mich wieder fangen . . ."

„Und ist dann wieder eine Mark
fällig?" fragte die Katze verblüfft.
„Pieps. Natürlich."
„Toll! Toll!"
„Das Geld müssen wir uns natürlich
teilen."
„Habe nichts dagegen, miau!"

So haben es die beiden auch gemacht.

Frau Schmidt zahlte fleißig und erzählte ihren Freundinnen: „Seit ich meiner Katze eine Belohnung für jede gefangene Maus gebe, ist sie sehr tüchtig geworden. Sie fängt jede Woche eine. Ich wußte gar nicht, daß ich so viele Mäuse im Haus habe."

Die guterzogene Katze

Herr Maus und Frau Maus hatten ein
Kind bekommen.
Eine kleine, süße Maus. Sie freuten
sich riesig.
Sie luden Gäste zur Taufe ein: Oma
und Opa Maus, Tante Maus, Onkel
Maus, Nachbarmäuse. Alle brachten
Geschenke mit: Käsestückchen, kleine
Stückchen Wurst und Speck. Die Gäste
piepsten von allen Seiten:

35

„Was für eine liebe Maus ..."
„Was für eine hübsche Maus ..."
„Mein Gott, wie süß sie ist ..."

„Mein Gott, wie kleine Beinchen sie
hat . . ."
Die kleine Maus freute sich sehr

darüber, daß alle sie so bewunderten.
Sie wedelte fröhlich mit dem
Schwänzchen und knabberte an den
Geschenken. Sie schmeckten alle
köstlich. Neben ihr wedelte Papa
Maus mit dem Schwanz mit hoch
erhobenem Kopf. Er war sehr stolz
auf seine Tochter.
Mama Maus trippelte zwischen den
Gästen herum und wedelte auch mit
dem Schwanz. Sie war sehr
beschäftigt, den Tisch für die Feier zu
decken.
Auch die Gäste wedelten voll
Ungeduld mit ihren Schwänzen - sie
warteten auf das festliche Essen. Sie
hatten ja alle einen Riesenhunger.
Auf einmal blieben alle

Mäuseschwänze wie festgenagelt in
der Luft stehen.
„Miauuuuuu!"
Eine Katze stand vor dem Mauseloch:
„Miau, ist da jemand?"
Mäuschenstille.
„Miauuu - ist da jemand, frage ich?"
Mäuschenstille.
„Warum antwortet denn keiner?
Miau?"
Mäuschenstille.
„Ich frage jetzt zum letztenmal - ist
da jemand? Sonst werde ich das Loch
aufgraben!"
Da sammelte Papa Maus seinen
ganzen Mut und piepste: „Hier ist
niemand…"
„Miau, danke… Genau so habe

ich es mir auch gedacht."

Die Katze lief in die Küche, sprang ihrem Frauchen auf den Schoß und erklärte: „Falschalarm ..., wir haben keine Mäuse im Haus ..., habe mich gerade überzeugt. In dem Loch, das du entdeckt hast, ist niemand!"

„Bist du dir sicher?"

„Aber natürlich! Wer ist hier der Mäusefänger, du oder ich?"

„Du."

„Na, siehst du! Jetzt bring mir aber bitte endlich mein Katzenfutter."

Die Katze fraß und dachte: „Guterzogene Katzen fressen keine Mäuse. Ich bin eine guterzogene Katze. Mein Frauchen muß es endlich begreifen."

Ich fresse Katzen

Die Maus lebte sehr glücklich in dem
Haus. Weil die alte Dame, die auch in
dem Haus wohnte, keine Katze hatte.
Die Maus kannte die alte Dame.
Die alte Dame kannte die Maus aber
nicht. Sie konnte nämlich nur

41

sehr schlecht sehen.

Weil die alte Dame sie gar nicht bemerkte, machte es sich die Maus im Haus sehr bequem. Tagsüber spazierte sie durch alle Zimmer. Sie beschnüffelte die Sessel. Und knabberte auch an den Zeitungen, die die alte Dame, mit Brille und Lupe bewaffnet, jeden Tag las.

Am liebsten knabberte sie am Wirtschaftsteil der Süddeutschen Zeitung.

Eines Tages fand sie in der Küche einen Salatkopf, der in eine Seite von der Bild-Zeitung eingewickelt war. Sie kostete vom Salat, knabberte auch neugierig an der Bild-Zeitung. Ihr wurde schlecht. Vom Salat konnte das nicht kommen.

An den Zeitungen knabberte sie nur, weil sie eine gebildete Maus war. Sie knabberte aus Neugier, nicht aus Hunger.

Jeden Sonntag kamen fünf Enkel-
kinder auf Besuch zu der alten Dame.
Die alte Dame backte immer einen
Sandkuchen für sie. Wenn sie den

Kuchen aufteilte, blieben Dutzende von
Krümelchen auf der Kuchenplatte.
Die Maus war mäusespitz darauf.
Und sie fraß sie in Windeseile,
während die alte Dame mit ihren
Enkelkindern im Wohnzimmer saß.
Sie ließ nicht ein einziges Krümchen
übrig.

„Das ist ja wie ein Wunder", sagte
dann die alte Dame immer.
„Kinder, wer von euch hat die Küche
wieder so blank geputzt?"

Dank der Maus hatte die alte Dame
immer eine sehr saubere Küche.
Die Maus hatte ihr Loch hinter dem
Herd, neben einem Regal. Das Regal
war aus Holz, und sie konnte sehr
bequem darauf klettern. Von dort aus
konnte sie den Küchenschrank und
alle Regale erreichen.
Es war wunderschön, daß keine Katze
im Haus wohnte.

Nur wenn die Maus Alpträume hatte,
sah sie sich von einer großen,
getigerten Katze verfolgt. Und immer,
wenn die Katze sie schnappte, wachte
sie auf, in Schweiß gebadet. Ihre Nase
und ihr Schwanz zitterten vor Angst.
Jetzt könnt ihr euch auch den

Schrecken der Maus vorstellen, als sie
eines Tages aus ihrem Loch hervor-
kam und - die getigerte Katze sah.
Mit einem Luftsprung machte sie
kehrt und zischte wie eine Rakete in
ihr Loch zurück. Dort blieb sie stehen.
Aber ihre Nasenspitze und ihr
Schwanz zitterten weiter vor Angst.
„Das ist sie . . . Die getigerte Katze,
von der ich immer träume!" dachte
die Maus. „Bin ich jetzt wach?"
Sie biß sich kräftig in den Schwanz,
um das festzustellen.
„Pieps!" Es tat ihr weh.
Sie konnte nicht schlafen. Sie
schnupperte in die Luft und steckte
sehr vorsichtig ihren Kopf aus dem
Loch. Es gab keinen Zweifel.

Hinter der Tür, an der Wand, stand eine große, getigerte Katze. Zum Sprung bereit. Sie starrte die Maus mit so schrecklichen Augen an, daß der Maus schwindlig wurde.
„Ich bin verloren", dachte die Maus.

„Ich bin schon so gut wie tot. Die alte
Dame hat sich eine Katze gekauft. Sie
hat sich genau die Katze gekauft, die
mich in meinen Alpträumen verfolgt.
Das ist ein schlechtes Vorzeichen.
Meine Tage sind gezählt."
Sie beschloß, in ihrem Loch zu bleiben
und zu überlegen, was sie tun könnte.
Aber sie fand keine Lösung, weil das
Loch keinen anderen Ausgang hatte.
Und sie konnte auch keinen Ausgang
graben. Rundherum waren
nur Steine.
„Ich sitze hier wie in einer
Mausefalle", dachte sie. „Ich hoffe
nur, die Katze denkt, daß das Loch
mehrere Ausgänge hat. Dann muß sie
irgendwann weggehen. Dann laufe

54

ich weg. Und komme nie mehr
zurück. Schade. Die alte Dame ist mir
so sympathisch. Weil sie so einen
wunderbaren Sandkuchen bäckt.
Warum hat sie sich plötzlich eine
Katze angeschafft?"
Die Maus blieb den ganzen Tag in
ihrem Loch versteckt. Erst am Abend
wagte sie es wieder, ihre Nasenspitze
aus dem Loch zu stecken.
Die Katze war noch da. Sie lag noch
an derselben Stelle, zum Sprung
bereit. Schrecklich. Wie konnte sie so
viel Ausdauer haben?
Die Maus versteckte sich wieder und
schaute erst am nächsten Tag wieder
nach der Katze. Die Katze war noch
da.

„Geh weg!" zischte jetzt die Maus. „Ich weiß, daß du da bist. Ich habe dich schon entdeckt."

Die Katze sagte nichts.

„Denk bloß nicht, daß ich herauskommen werde. So dumm bin ich nicht."

Die Katze sagte immer noch nichts.

„Irgendwann mußt du Hunger kriegen. Und auch Durst. Dann mußt du ja weggehen", piepste die Maus. „Es hat ja keinen Sinn, hier zu warten, wenn ich weiß, daß du da bist."
Die Katze schwieg weiter.
Die Maus faßte Mut und schrie:
„Warum sagst du nicht einmal miau?! Hörst du nicht, daß ich mit dir rede?"
Keine Antwort.
„Jetzt platzt mir aber der Kragen", piepste die Maus und kam aus dem Loch heraus. Wie eine Rakete kletterte sie auf das Regal, und von dort sprang sie auf die Arbeitsplatte. Sie fand einige Krümelchen und fraß sie in Windeseile auf. Sie hatte ja zwei

Tage nichts gefressen. Jetzt schnupperte sie in die Luft.

Es roch nach Käse, nach Brot und nach Butter. Aber nicht nach Katze. Was für eine Katze war die Katze, die nicht nach Katze roch?

War sie vielleicht ein Gespenst? Oder ein Spielzeug? Von der Arbeitsplatte schaute die Maus sich ganz genau die Katze an. Und staunte: Die Katze war ganz platt. Die Katze war keine wirkliche Katze. Ein Poster von einer Katze klebte an der Wand!

Die Maus nahm ihren ganzen Mut zusammen und trippelte zu dem Poster. Und obwohl ihr Schwanz vor Angst zitterte, begann sie daran zu knabbern.

DAS NEUE KATZEN
POSTER

Es schmeckte nicht schlecht.
Sie knabberte immer schneller, und
wenn sie eine Pause machte, piepste sie
stolz: „Ich fresse Katzen!"

CIP-Titelaufnahme der Deutschen Bibliothek

Inkiow, Dimiter:
Die Katze fährt in Urlaub: 5 lustige Katz-u.-Maus-
Geschichten für alle, d. Mäuse liebhaben / Dimiter Inkiow. –
München: F. Schneider, 1988
  ISBN 3-505-09853-1

© 1988 by Franz Schneider Verlag GmbH
8000 München 40 · Frankfurter Ring 150
Umschlagbild/Illustrationen: Traudl und Walter Reiner, Fischbachau
Herausgegeben von Monika Raeithel-Thaler, München
Herstellung: Brigitte Matschl
Satz: TypoBach, München
Druck: A. Huber GmbH & Co KG, München
ISBN: 3 505 09853-1
Bestell-Nr.: 9853

Erstes Wissen

In der **Erzähl-mir-Serie**
von Dimiter Inkiow
sind folgende Titel erschienen:

Erzähl mir vom Wasser
Die Abenteuer von Plimp und Plomp

Erzähl mir vom Fliegen
Die ersten Flugabenteuer mit Schaf,
Hahn und Ente

Erzähl mir von der Erde
Eine Geisterreise um die Welt

Erzähl mir vom Rad
Wie das Rad ins Rollen kam

Erzähl mir von der Sonne
Ein Sonnenstrahl auf großer Reise

Die **Erzähl-mir-Serie**
für Leseanfänger (1. bis 4. Klasse) vermittelt auf
spannende und leicht verständliche Weise Sach-
wissen. Ein Frage- und Antwortspiel am Schluß des
Buches vertieft das Gelesene.

Weitere Bände sind in Vorbereitung.